AF591498

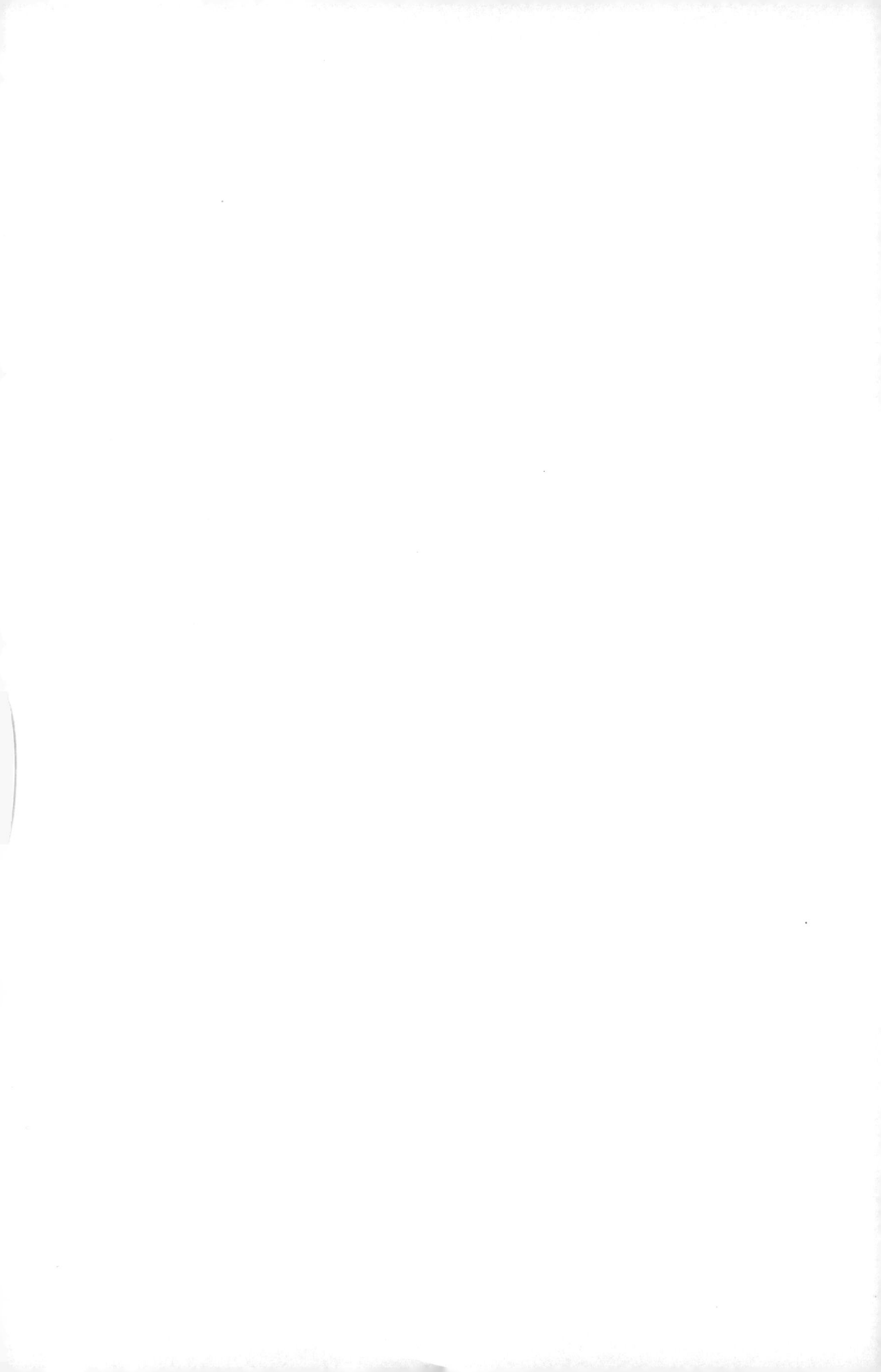

22 mai 1886 P

COLLECTION

DEFOER

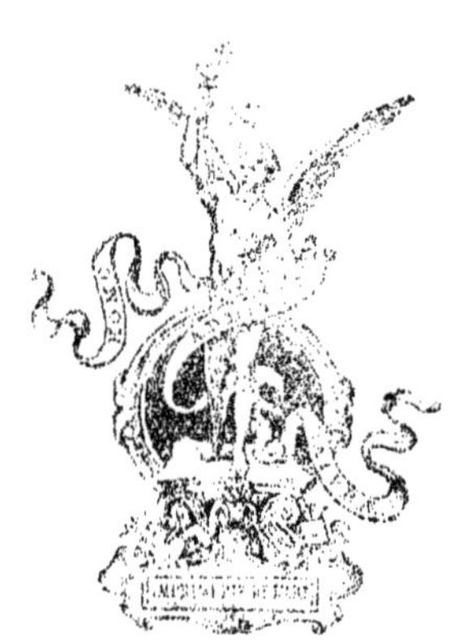

COLLECTION

DEFOER

CONDITIONS DE LA VENTE

Elle sera faite au comptant.

Les acquéreurs paieront, en sus des adjudications, *cinq pour cent* applicables aux frais.

Paris. Imp. de l'Art. E. Ménard et J. Augry, 41, rue de la Victoire.

CATALOGUE

DE

TABLEAUX

MODERNES

DE PREMIER ORDRE

COMPOSANT

l'Importante Collection de M. DEFOER

ET DONT LA VENTE AURA LIEU A PARIS

8, RUE DE SÈZE, 8

(GALERIE GEORGES PETIT)

Le Samedi 22 Mai 1886

A TROIS HEURES

Par le Ministère de Me PAUL CHEVALLIER, commissaire-priseur

Assisté de M. GEORGES PETIT, expert

EXPOSITIONS

Particulière : le Jeudi 20 Mai 1886

Publique : le Vendredi 21 Mai 1886

De 1 heure à 6 heures.

Se trouve à Paris, chez

Me **Paul CHEVALLIER** COMMISSAIRE-PRISEUR 10, rue Grange-Batelière, 10.	M. **Georges PETIT** EXPERT 12, rue Godot-de-Mauroi, 12.

TABLEAUX

DÉSIGNATION

COROT

(CAMILLE)

1 — *Le Pont de Mantes.*

Des peupliers et des saules bordent la rive verdoyante de la rivière. Un pêcheur en bonnet rouge est assis dans une barque amarrée au pied de la berge, et, au fond du tableau, à travers le feuillage, apparaît la silhouette du vieux pont de Mantes avec une petite construction sur la dernière arche et un vieux moulin au centre.

Toile. Haut., 38 cent.; larg., 56 cent.

Collection Faure.

Exposition des Cent Chefs-d'œuvre, en 1883.

COROT

(CAMILLE)

60000 / 65100

2 — *Nymphes et Faunes.*

Au déclin du jour, des nymphes et des faunes dansent dans une prairie, au bord d'un étang ombragé par de grands arbres.

Sur la droite, des rochers couverts de verdure se reflètent dans l'eau transparente.

Un arbre touffu occupe le centre du tableau et se détache sur un ciel clair, coloré par le soleil couchant.

Toile. Haut., 96 cent.; larg., 1 m. 28 cent.

Salon de 1869.

Vente Laurent-Richard, en 1878.

Exposition des Cent Chefs-d'œuvre, en 1883.

COROT

(CAMILLE)

3 — *Les Saules.* 10000 / 5300

Prairie plantée régulièrement de rangées de saules. Sur le premier plan, un grand tronc d'arbre abattu et des branches coupées. Plus loin, sur la droite, une maisonnette couverte d'un toit rouge et, tout auprès, deux bûcherons faisant du bois. Au fond, à travers le feuillage léger des saules, apparaît la campagne avec ses champs brûlés par le soleil et les maisons du village, vivement éclairées par un ciel pur.

Toile. Haut., 32 cent.; larg., 44 cent.

Collection Crabbe, de Bruxelles.

Exposition des Cent Chefs-d'œuvre, en 1883.

COROT

(CAMILLE)

4 — *Le Village de Marcoussis.*

Une grande prairie, traversée par un sentier, conduit au village de Marcoussis dont le clocher, sortant de la verdure, se découpe sur le ciel.

A gauche, sous un arbre, une paysanne fait paître sa vache; près d'elle, une autre paysanne coupe de l'herbe. Plus loin, un grand mur blanc servant de clôture à une propriété, et, tout au fond, les coteaux dans la brume.

Au premier plan, une femme suit le sentier, une charge d'herbes sur les épaules.

Toile. Haut., 41 cent.; larg., 61 cent.

Exposition universelle de 1855.

Collection Faure.

Collection Warnier, de Reims.

COROT

(CAMILLE)

5 — *La Danse des Nymphes.* 20000 / 15500

Des nymphes et des faunes accourent au milieu d'une prairie éclairée par le soleil du matin.

De joyeux couples sortent des profondeurs du bois et viennent se joindre à la ronde.

De grands arbres, qui se détachent sur un ciel noyé dans des vapeurs bleuâtres, répandent de frais ombrages sur la clairière.

Toile. Haut., 65 cent.; larg., 81 cent.

Collection Gavet.

Collection Clapisson.

Collection Warnier, de Reims.

COROT

(CAMILLE)

6 — *Le Château de Pierrefonds.*

Une grande prairie, peuplée d'un troupeau de vaches et couverte de massifs de verdure et de bouquets d'arbres, s'étend jusqu'au bord d'un lac ; au delà s'élève un coteau surmonté du château de Pierrefonds, dont les tourelles se détachent sur le fond gris du ciel.

Bois. Haut., 25 cent.; larg., 49 cent.

Collection de Sarlat.

DAUBIGNY

(CHARLES)

7 — *Bords de l'Oise.*

Le soleil du matin éclaire ce gracieux paysage des bords de l'Oise.

La rivière est séparée en deux bras par un petit îlot boisé; la berge de gauche est couverte de saules et d'oseraies qui se réflètent dans l'eau. Au fond, sur celle de droite, le clocher d'une église et les maisons d'un village apparaissent au milieu de la verdure. Une péniche descend le courant du fleuve.

Bois. Haut., 26 cent.; larg., 43 cent.

Collection du baron Cry de Günzburg.

DAUBIGNY

(CHARLES)

8 — *Vue de Conflans (fin d'Oise).*

La Seine et l'Oise ne sont plus séparées à cet endroit que par une berge verdoyante sur laquelle une paysanne fait paître ses oies.

A gauche, de nombreux bateaux sont amarrés à la rive bordée de peupliers.

Au loin, sur le coteau qui descend au bord de la Seine, on aperçoit le joli village de Conflans avec son église et ses maisonnettes blanches vivement éclairées.

Bois. Haut., 38 cent.; larg., 66 cent.

Collection de Sarlat.

DECAMPS

(ALEXANDRE-GABRIEL)

9 — *Le Garde-Chasse.* 30000 / 36000

L'orage est passé; de gros nuages sombres roulent dans le ciel et le vent souffle encore avec violence; un rayon de soleil éclaire la plaine.

Un vieux garde, le dos voûté, suivi de quatre petits chiens bassets qu'il tient en laisse, marche à grandes enjambées dans un chemin détrempé par la pluie.

Il est coiffé d'un vieux chapeau marron, vêtu d'un habit blanc, et porte en bandoulière sa corne et son carnier. Le fusil renversé sous le bras, il en protège la batterie contre la pluie avec son mouchoir.

Deux autres chasseurs, accompagnés d'un chien courant, marchent devant lui; plus loin, sur la route, un cabriolet se détache sur le fond clair du ciel.

Toile. Haut., 35 cent.; larg., 55 cent.

Vente Larrieu, février 1850.
Collection de M. Adolphe Moreau.
Collection du baron Ury de Günzburg.

DELACROIX

(EUGÈNE)

10 — *Le Christ sur la croix.*

La scène se passe au sommet du Calvaire. Le Christ, les bras étendus sur la croix, vient de rendre le dernier soupir. Sa tête, chargée de la couronne d'épines, retombe sur son épaule, et le sang s'échappe de ses plaies béantes.

Sur la gauche, deux personnages à mi-corps, dont l'un lève le bras dans la direction du Christ. A droite, au second plan, deux cavaliers tiennent chacun un étendard déployé, l'un rouge, l'autre jaune.

Tout au fond apparaît la ville de Jérusalem noyée dans l'ombre du crépuscule, sous un ciel sombre troué, par places, de lueurs rougeâtres et sinistres.

Toile. Haut., 81 cent.; larg., 64 cent.

Salon de 1847.
Exposition universelle de 1855.
Collection Bonnet.
Collection Fanien.
Exposition des Cent Chefs-d'œuvre, en 1883.

DELACROIX

(EUGÈNE)

11 — *Lion et Lionne dans leur antre.*

La lionne est accroupie sur les pattes de derrière; elle tourne la tête, l'œil étincelant, les oreilles droites, et pousse un rugissement sourd et prolongé, comme si elle flairait quelque danger.

La lumière, qui pénètre dans la caverne par une large ouverture, éclaire vivement la robe fauve de la bête et met en relief ses muscles puissants.

Plus loin, le lion apparaît en pleine lumière dans une autre cavité de l'antre.

Haut., 38 cent.; larg., 45 cent.

Collection Henri Hecht.

Collection Warnier, de Reims.

DIAZ

(NARCISSE)

12 — *La Châtelaine.*

Une jeune femme blonde, vêtue d'un riche et élégant costume Louis XIII en soie rose, se promène dans un parc, accompagnée de ses lévriers. Un petit garçon blond et joufflu se serre contre elle d'un mouvement craintif, tout en cherchant à voir l'un des chiens qui lève la tête sous la main caressante de sa jeune maîtresse.

La figure de la jeune femme s'enlève sur une masse de feuillage d'un vert sombre qui fait valoir l'éclat des tons roses du costume.

Daté : 1848.

Peint sur carton. Haut., 41 cent.; larg., 25 cent.

Collection Garet.

DIAZ

(NARCISSE)

13 — *Les Confidences de l'Amour.*

Une jeune nymphe vêtue d'une tunique bleue, qu'elle a laissé tomber sur ses genoux, est assise demi-nue sur un tertre ombragé.

D'un geste gracieux, elle retient l'Amour près d'elle et écoute ses conseils, tout en le regardant avec extase.

Au fond, apparaît un coin de ciel coloré par le soleil couchant.

Daté : 1851.

Bois. Haut., 45 cent.; larg., 28 cent.

Collection Arthur Stevens.

DIAZ

(NARCISSE)

14 — *Petite Fille au Chien.*

Une petite fille blonde est assise au pied d'un arbre, un petit chien sur les genoux. Elle est vêtue d'une jupe bleue et porte dans ses cheveux et sur ses épaules des nœuds de soie rose.

Haut., 18 cent.; larg., 14 cent.

Collection du baron Herman.

DUPRÉ

(JULES)

15 — *L'Étang.*

De grands arbres se dressent au bord d'un étang, au milieu d'une prairie parsemée de buissons et d'arbustes en fleurs. Sur la droite, un massif d'arbres touffus se reflète dans l'eau.

Au premier plan, un paysan est couché dans l'herbe en plein soleil.

Ce ravissant coin de verdure tout ensoleillé est plein tout à la fois d'ombre et de lumière.

Toile. Haut., 31 cent.; larg., 23 cent.

Collection Michel de Trétaigne.

DUPRÉ

(JULES)

16 — *Coucher de soleil.*

Les nuages se séparent comme après un orage, et le soleil, déjà caché derrière l'horizon, éclaire le haut du ciel d'un vaste rayonnement.

La campagne est semée d'arbres dont la silhouette puissante se détache en masses sombres sur le fond clair et lumineux.

Au premier plan, un paysan à cheval, suivi de son chien qui se désaltère dans une flaque d'eau, ramène à la ferme un troupeau de vaches.

Toile. Haut., 35 cent.; larg., 60 cent.

Collection du baron Ury de Günzburg.

DUPRÉ

(JULES)

17 — *Le Troupeau de moutons.* 12000 / 8750

Debout devant la porte d'une chaumière, un berger, appuyé sur son bâton, veille sur son troupeau couché autour de lui. A gauche, une mare entourée d'arbres ; plus loin, derrière une haie, une hutte de charbonniers ; et, au loin dans la plaine, une église de campagne dont le clocher se découpe sur les nuages gris du ciel.

Toile. Haut., 28 cent.; larg., 22 cent.

Collection Tabourier.

FROMENTIN

(EUGÈNE)

18 — *La Fantasia.*

Des cavaliers arabes parcourent une immense plaine à toute bride, agitant les bras, poussant des clameurs et déchargeant leurs fusils. L'un d'eux, le plus rapproché, roule à terre avec sa monture ; d'autres, vêtus de riches et brillants costumes, arrivent au grand galop, burnous au vent. A gauche, un tertre d'où l'émir, escorté de ses principaux chefs, assiste à leurs exercices.

Le sol, couvert d'une courte végétation, s'étend à perte de vue, sous un ciel légèrement voilé de vapeurs.

Toile. Haut., 1 m. 2 cent.; larg., 1 m. 43 cent.

Salon de 1869.

Vente Laurent-Richard, en 1873.

Collection Crabbe, de Bruxelles.

Exposition des Cent Chefs-d'œuvre, en 1883.

FROMENTIN

(EUGÈNE)

19 — *L'Abreuvoir.*

Le soir, après une chaude journée de chasse, des cavaliers arabes rencontrent une source dans un oasis. Le chef, enveloppé dans son burnous, la carabine au dos, fait entrer son cheval dans le ruisseau. Un Arabe, au premier plan, a mis pied à terre et, agenouillé au bord de l'eau, boit dans le creux de sa main ; un autre, sur la droite, dans l'eau jusqu'à la cheville, s'apprête à remonter sur le cheval blanc qu'il tient par la bride pour faire place aux autres chasseurs.

Haut., 35 cent.; larg., 27 cent.

Collection du baron Ury de Günzburg.

GÉRICAULT

(JEAN-LOUIS-ANDRÉ-THÉODORE)

20 — *Trompette de hussards.*

Ce cavalier, dans son brillant costume de trompette des hussards de la garde, semble avoir été peint par Géricault avec l'idée de personnifier dans une seule figure toute la grande armée.

Il est coiffé d'un grand shako rouge à plumet, et vêtu du dolman bleu, sur lequel retombe un manteau blanc bordé de fourrure.

La lumière, qui arrive derrière le trompette, éclaire vivement la croupe et la tête de son cheval blanc, en lui laissant son profil dans l'ombre.

Toile. Haut., 95 cent.; larg., 70 cent.

Collection Monjean.

Collection Crabbe, de Bruxelles.

Collection du baron Ury de Günzburg.

Exposition des Cent Chefs-d'œuvre, en 1883.

ISABEY

(EUGÈNE)

21 — *Le Festin champêtre.*

Il est difficile de décrire les mille détails de cette composition pleine de vie et d'entrain.

A gauche du tableau, plus de cent convives, seigneurs et dames de la cour, sont réunis à un grand festin champêtre ; un orchestre accompagne la fête.

Au centre, les feux ardents des cuisines sont allumés sous les arbres. Ce ne sont partout que marmites fumantes, rôtissoires garnies et tables chargées de victuailles, autour desquelles circule tout un monde de marmitons et de cuisiniers.

Sur la droite, tous les gens de l'escorte, hommes d'armes et cavaliers, les uns debout, les autres assis, choquent bruyamment leurs verres dans un tumulte et une gaieté indescriptibles.

Bois. Haut., 21 cent.; larg., 1 m. 69 cent.

Collection Saucède.

MARILHAT

(PROSPER)

22 — *Paysage du Berry.*

Un grand pâturage, coupé par un ruisseau, s'étend en plein soleil jusqu'à un monticule boisé. Quelques vaches paissent sous les ombrages, gardées par un berger assis près d'un pont rustique.

A gauche, apparaît le fond de la vallée noyée dans la verdure.

Bois. Haut., 34 cent.; larg., 51 cent.

Collection du baron Ury de Günzburg.

MEISSONIER

(JEAN-LOUIS-ERNEST)

23 — « *1814* ». 120000 / 128000

Monté sur un cheval blanc, sa redingote grise entr'ouverte sur son uniforme, ayant laissé derrière lui son escorte, Napoléon s'est avancé sur un tertre élevé d'où il peut observer le champ de bataille du lendemain. Son front est soucieux, ses regards portent au delà du terrain sur lequel va se jouer sa destinée, cherchant à lire dans l'avenir.

Le ciel est chargé de nuages sombres, et le pâle soleil qui l'éclaire n'est plus le soleil d'Austerlitz.

Daté : 1863.

Bois. Haut., 32 cent.; larg., 24 cent.

Galerie du prince Napoléon.

Collection Bouruet-Aubertot.

Vente Ruskin, Londres, 1881.

Exposition des œuvres de Meissonier, en 1884.

MEISSONIER

(JEAN-LOUIS-ERNEST)

24 — *Les Joueurs de boules, à Antibes.*

Sur la route de la Salice, près d'un mur dont l'ombre se projette sur la route, sont réunis les joueurs en bras de chemise, le tricorne sur la tête. L'un d'eux, tourné vers la muraille, bourre sa pipe; les autres, dans des poses diverses, assemblés autour des boules, regardent avec attention celui qui, dans le lointain, joue son dernier coup, probablement celui qui va décider de la partie.

Deux soldats de la garnison s'intéressent au jeu.

Daté : 1869.

Bois. Haut., 12 cent.; larg., 19 cent.

Collection A. Roux, de Marseille.

Exposition universelle de 1878.

Exposition des Cent Chefs-d'œuvre, en 1883.

Exposition des œuvres de Meissonier, en 1884.

MEISSONIER

(JEAN-LOUIS-ERNEST)

25 — *Le Voyageur.* 45000 / 30500

Un cavalier suit un chemin dans une plaine dénudée et sans abri.

Les rafales soulèvent les plis du large manteau dans lequel il est enveloppé et dont il a relevé le collet pour se protéger contre l'ouragan.

Il marche droit sur le spectateur.

Daté : 1880.

Bois. Haut., 39 cent.; larg., 29 cent.

Collection du baron Ury de Günzburg.

Exposition des œuvres de Meissonier, en 1884.

MEISSONIER

(JEAN-LOUIS-ERNEST)

26 — *Le Rieur.*

C'est assurément un propos de corps de garde qui le fait rire de la sorte.

La cravache dans la main droite appuyée sur la hanche et l'autre sur la garde de son épée, il se tient les jambes écartées, de l'air un peu lourdaud d'un soldat habitué à la grosse plaisanterie.

Pour mieux rire à son aise, il rejette en arrière sa tête coiffée d'un large chapeau gris.

Il est vêtu d'un pourpoint gris et porte des bottes à revers rouges; près de lui, à terre, un tambour et un drapeau; derrière, une chaise sur laquelle est un manteau rouge.

Daté : 1865.

Bois. Haut., 20 cent.; larg., 12 cent.

Vente Milton Latham, de New-York, en 1880.
Exposition des œuvres de Meissonier, en 1884.

MILLET

(JEAN-FRANÇOIS)

27 — *L'Homme à la houe.*

Au milieu de la grande chaleur d'un jour d'été, un paysan défriche un terrain couvert de chardons et d'herbes sauvages; appuyé sur sa houe, il s'arrête dans son dur labeur pour respirer et prendre un instant de repos.

Il est nu-tête, en bras de chemise et vêtu d'un pantalon de toile bleue. A droite, sa blouse et son chapeau sont déposés au milieu d'un champ.

Plus loin, une femme brûlant des herbes et un laboureur avec sa charrue attelée de deux chevaux blancs.

Lors de l'apparition de ce tableau au Salon de 1863, Millet, pour répondre aux critiques qui l'assaillirent, écrivit à son ami M. Sensier une lettre dont nous extrayons le passage suivant :

« ...Les on-dit sur mon *Homme à la houe* me semblent toujours bien étranges, et je vous remercie de me les communiquer...

« Il en est qui disent que je nie les charmes de la campagne... Je vois très bien les auréoles des pissenlits, et le soleil qui étale là-bas, bien loin, par delà les pays, sa gloire dans les nuages. Je n'en vois pas moins dans la plaine, tout fumants, les chevaux qui labourent, puis, dans un endroit rocheux, un homme tout *encené* dont on a entendu les han! depuis le matin, qui tâche de se redresser un instant pour souffler. Le drame est enveloppé de splendeurs.

« Cela n'est pas de mon invention; il y a longtemps que cette expression : « Le cri de « la terre » est trouvée. »

Tableau capital dans l'œuvre de Millet.

Gravé à l'eau-forte par Bracquemond.

Haut., 80 cent.; larg., 1 mètre.

Salon de 1863.

Collection Blanc.

Collection Crabbe, de Bruxelles.

Galerie Secrétan.

Exposition des Cent Chefs-d'œuvre, en 1883.

MILLET

(JEAN-FRANÇOIS)

28 — *La Lessiveuse.* 50000 / 35100

Dans une salle rustique, à haute cheminée, une paysanne verse une cruche d'eau bouillante dans une large cuve.

La buée monte lentement dans la pièce en répandant un brouillard fin et humide qui emplit l'atmosphère.

Au fond, brûle dans l'âtre un feu de sarments sous la marmite accrochée à la crémaillère; sa clarté dessine en rouge les contours des objets, en laissant dans une demi-obscurité les profondeurs de la salle, dans laquelle on devine des ustensiles de ménage accrochés au mur ou posés sur le manteau de la cheminée.

Bois. Haut., 44 cent.; larg., 34 cent.

Collection Cachardy.
Vente Marmontel.
Vente Laurent-Richard, en 1873.
Collection Monjean.
Collection Clapisson.
Collection du baron Ury de Günzburg.
Exposition des Cent Chefs-d'œuvre, en 1883.

MILLET

(JEAN-FRANÇOIS)

29 — *Les Glaneuses.*

Trois pauvres femmes, une vieille et deux jeunes, ramassent les épis perdus dans un champ qu'on vient de moissonner. La vieille femme est à peine courbée ; les deux jeunes, penchées vers la terre, saisissent l'épi d'une main et de l'autre tiennent les glanes déjà liées.

Au loin, les moissonneurs sont occupés à décharger les charrettes pour élever des meules.

Une lumière blonde et harmonieuse enveloppe le tableau et donne l'impression d'une chaude journée d'été.

Toile. Haut., 36 cent.; larg., 28 cent.

Collection Hoschedé.

Collection du prince Dutz.

Collection Trétiakoff.

MILLET

(JEAN-FRANÇOIS)

30 — *La Brûleuse d'herbes.* 25000 / 25000

Par une chaude journée d'été, une jeune paysanne vêtue d'un corsage rouge, d'une jupe de bure grise, la tête préservée de l'ardeur du soleil par un foulard d'un rouge fané, regarde brûler un tas d'herbes desséchées, les mains appuyées sur sa fourche.

A travers la fumée qui monte en longues spirales, apparaissent des faneuses au milieu de la campagne.

Toile. Haut., 37 cent.; larg., 28 cent.

Galerie J. Van Praet.

Exposition des Cent Chefs-d'œuvre, en 1883.

PRUD'HON

(PIERRE-PAUL)

31 — *La Justice et la Vengeance divine poursuivant le crime.*

Dans un lieu désert, hérissé de rochers et éclairé par la lune, un homme, un poignard à la main, vêtu d'une tunique et d'un manteau, s'éloigne rapidement. A droite, est étendu par terre le corps nu d'un jeune homme assassiné. Au-dessus de la victime, volent dans les airs la Vengeance tenant une torche, prête à saisir le meurtrier, et la Justice personnifiée par les balances et le glaive.

Variante en réduction du tableau du musée du Louvre.

Toile. Haut., 46 cent.; larg., 65 cent.

Collection Monjean.

RICARD

(GUSTAVE)

32 — *Le Joueur de flûte.*

Le peintre a donné à ce portrait de jeune garçon une expression charmante, pleine de douceur et de distinction. Ses yeux d'un bleu profond, sa chevelure blonde, la ligne de son nez et de sa bouche, l'arrangement si simple du costume et de la main qui tient la flûte, tout concourt à faire de ce portrait une peinture pleine de charme.

Toile. Haut., 48 cent.; larg., 34 cent.

Cabinet de M. de Calonne.

ROUSSEAU

(THÉODORE)

33 — *Bords de la Loire.*

Le fleuve a débordé et forme dans la campagne de grandes flaques d'eau qui laissent voir par places des monticules de sable. A gauche, une paysanne vêtue de rouge est assise sous un groupe d'arbres dont la silhouette se détache sur le ciel; plus près, un pêcheur, dans un bateau, retire ses filets. Au fond, l'autre rive, semée de maisonnettes et de bouquets d'arbres, s'aperçoit dans la brume.

Ce tableau, dans le sentiment des beaux Van Goyen, est un tour de force de coloris blond et délicat.

Bois. Haut., 43 cent.; larg., 63 cent.

Collection Fanien.

Exposition des Cent Chefs-d'œuvre, en 1883.

ROUSSEAU

(THÉODORE)

34 — *Le Soir.* 30000 / 27500

Le soleil a disparu derrière l'horizon encore tout empourpré. Le ciel couvert de gros nuages et toute la campagne sont enveloppés d'une lumière chaude et dorée.

Un pêcheur, au bord d'un ruisseau qui traverse le paysage, s'apprête à jeter ses filets.

Toile. Haut., 43 cent.; larg., 63 cent.

Collection Fanien.

Exposition des Cent Chefs-d'œuvre, en 1883.

ROUSSEAU

(THÉODORE)

35 — *Monticule du Jean de Paris (effet de matin).*

C'est après les journées de Juin 1848, que Rousseau, retiré à Barbizon, exécuta ce petit tableau. M. Sensier, dans son ouvrage sur Th. Rousseau, s'exprime en ces termes :

« Pendant cette saison qui fut belle et heureuse comme une lune de miel, Rousseau retrouva ses inspirations de dix-huit ans; il ne quitta pas la forêt et y fit de charmantes études sur nature. Trois sont célèbres. L'une est l'étude du *Monticule du Jean de Paris,* que des bouleaux, agités par la bise du matin, ombragent de douces vapeurs. « Une bonne femme en robe bleue est assise ». Cette femme, c'est la sienne qui travaille au pied d'un arbre. Cette étude est très particulière dans l'œuvre de Rousseau ; il y a modulé dans toutes les harmonies rousses et fauves, au temps où les feuilles, déjà privées de sève, n'attendent plus qu'une bise pour se disperser. Elle est peinte avec une légèreté extrême et au moyen de grattages habiles qui donnent des transparences que le pinceau n'atteindrait jamais ».

Bois. Haut., 31 cent.; larg., 22 cent.

Collection Laurent-Richard.

ROUSSEAU

(THÉODORE)

36 — *Le Petit Pêcheur.*

Le ciel, parsemé de nuages sombres, indique une journée d'orage. Un rayon de soleil éclaire la prairie traversée par un sentier qui conduit à une métairie, située au milieu d'un bouquet d'arbres.

Au premier plan, un pêcheur, dans sa barque, cherche, au milieu des roseaux qui bordent la rive, une place pour jeter ses filets.

Bois. Haut., 14 cent.; larg., 21 cent.

Galerie Wilson.

STEVENS

(ALFRED)

37 — *L'Attente.*

La mer est haute; les vagues déferlent avec violence sur la côte, où elles viennent retomber en pluie fine.

Une jeune femme, appuyée contre la balustrade d'une terrasse, observe la mer avec anxiété, dans l'espoir d'y découvrir le bateau qu'elle voudrait voir rentrer au port.

Près d'elle, un canot à sec avec ses avirons. Le ciel est chargé de nuages sombres poussés par un vent de tempête.

Toile. Haut., 81 cent.; larg., 1 mètre.

Exposition universelle d'Anvers, en 1885.

TROYON

(CONSTANT)

38 — *Pâturage.* 40000 / 33000

Une belle vache normande, au pelage roux taché de blanc, se tient debout, au bord d'un ruisseau, la tête tournée vers la plaine; près d'elle, un veau blanc, éclairé en pleine lumière, et, plus loin, le reste du troupeau disséminé dans le pâturage, sous un ciel chargé de vapeurs.

Bois. Haut., 53 cent.; larg., 71 cent.

Collection Schulte, de Hambourg.

Collection du baron Ury de Günzburg.

TROYON

(CONSTANT)

39 — *Bœuf allant au pâturage.*

Un bœuf blanc, taché de roux sur la tête et l'encolure, arrive presque de face dans un sentier en pleine campagne. Il est suivi d'une vache noire qui vient à travers champs, enfoncée dans l'herbe jusqu'au poitrail.

Au loin, quelques moissonneurs travaillent dans la plaine, sous un ciel bleu, légèrement voilé par les vapeurs du matin.

Bois. Haut., 26 cent.; larg., 34 cent.

Collection du baron Ury de Günzburg.

ZIEM

(FÉLIX)

40 — *Entrée du grand canal, à Venise.*

Sur la droite, une rangée de navires est amarrée le long des quais ; un peu plus au centre, un gros bateau vu par l'arrière est à l'ancre dans les eaux du canal. A travers sa mâture élégante qui se découpe sur les tons bleus du ciel, on aperçoit, éclairés en pleine lumière, les palais, les dômes et les églises.

Au fond, apparaissent noyés dans la brume, l'église de Notre-Dame de la Salute, et de gros voiliers prêts à prendre le large.

Au premier plan, une gondole chargée de promeneurs traverse le canal dans lequel se reflètent les bateaux et les maisons.

Toile. Haut., 1 m. 8 cent.; larg., 1 m. 62 cent.

Galerie Van Walchren.

PASTELS

AQUARELLE ET DESSINS

MILLET

(JEAN-FRANÇOIS)

41 — *La Plaine de Barbizon; effet d'hiver.*

Les sillons sont cachés sous la neige qui ne laisse voir que des broussailles desséchées par la gelée. Au loin, dans la plaine, apparaissent en taches sombres quelques meules dont le sommet couvert de givre se détache sur un ciel entièrement voilé de nuages gris et froids.

Sur la gauche, on aperçoit les bâtiments d'une ferme ; sur la droite les chaumières couvertes de neige du village de Barbizon se confondent avec le ciel et le terrain.

Quelques corbeaux troublent seuls le silence de cette solitude.

Pastel.

Haut., 70 cent.; larg., 93 cent.

Collection Gavet.
Collection Secrétan.
Collection Warnier, de Reims.

MILLET

(JEAN-FRANÇOIS)

42 — *Les Meules.*

Novembre est arrivé et la récolte est mise à l'abri. Trois grandes meules, éclairées par un pâle rayon de soleil, se dressent dans la plaine à une petite distance du village situé à droite.

Un troupeau de moutons, gardé par une bergère, broute dans les champs.

A gauche, la plaine de Barbizon s'étend à perte de vue, sous un ciel balayé par une bise déjà froide.

Pastel.

Haut., 71 cent.; larg., 92 cent.

Collection Gavet.

MILLET

(JEAN-FRANÇOIS)

43 — *La Nuée de corbeaux ; effet d'hiver.*

Par une journée grise et froide de novembre, une paysanne, enveloppée dans sa mante, garde ses vaches au milieu de champs appauvris par le froid de l'hiver.

A quelque distance d'elle, une nuée de corbeaux s'envole bruyamment de terre pour aller s'abattre sur les branches de peupliers dénudés.

Pastel.

Haut., 37 cent.; larg., 48 cent.

Collection Gavet.

Collection E. May.

MILLET

(JEAN-FRANÇOIS)

44 — *Coucher de soleil sur une plaine.*

Semblable à un globe de feu, le soleil, avant de disparaître derrière l'horizon, répand sur toute la plaine une clarté rougeâtre que tamisent les premières brumes du soir.

Au premier plan, une paysanne, ayant une charge d'herbes sur le dos, longe un champ de terres labourées.

Pastel.

Haut., 38 cent.; larg., 50 cent.

Collection Gavet.

Collection E. May.

Collection Monjean.

MILLET

(JEAN-FRANÇOIS)

45 — *Anes dans une plaine par la pluie.* 6000 / 6000

De gros nuages sombres, précurseurs de l'orage, envahissent le ciel ; le vent se lève et courbe les herbes et les broussailles qui couvrent la plaine.

Trois ânes, deux debout, un couché, sentent venir la tourmente, et lui tournant philosophiquement le dos, reçoivent toute l'averse..

Pastel.

Haut., 44 cent.; larg., 54 cent.

Collection Gavet.

Collection Monjean.

MILLET

(JEAN-FRANÇOIS)

46 — *L'Oiseleur.*

Un paysan a dressé, sur la neige qui couvre son jardin, un piège à prendre les oiseaux.

Caché derrière la porte d'une grange, il attend qu'ils se soient posés, avant de tirer le lacet qui doit les retenir prisonniers.

Pastel.

Haut., 54 cent.; larg., 44 cent.

Collection Bischoffsheim.

MILLET

(JEAN-FRANÇOIS)

47 — *Le Troupeau de moutons.* 3500 / 2000

Au premier plan, des moutons paissent au milieu d'une prairie sous la garde d'un berger. Plus loin, une rivière bordée de peupliers traverse le paysage en formant mille détours.

La grande lumière du matin répand sur toute la campagne une coloration fine et argentée.

Aquarelle.

Haut., 25 cent.; larg., 35 cent.

Collection Jourdier.

MILLET

(JEAN-FRANÇOIS)

48 — *La Veillée.*

Une paysanne, assise près du berceau de son enfant endormi, travaille à un ouvrage de couture, à la lueur tremblotante d'une petite lampe accrochée à la muraille.

Dessin au crayon noir.

Haut., 32 cent.; larg., 28 cent.

Collection Arthur Stevens.

Collection Ch. Hayem.

MILLET

(JEAN-FRANÇOIS)

49 — *Femme donnant à manger à ses poules.*

Debout sur le pas de sa porte, une paysanne appelle ses poules et leur jette le grain qu'elle tient dans son tablier. Au fond de la cour, la porte, ouverte sur le jardin, laisse voir un paysan bêchant un carré de légumes.

Dessin au fusain rehaussé de gouache.

Haut., 40 cent.; larg., 30 cent.

Collection Atgé.

MILLET

(JEAN-FRANÇOIS)

50 — *La Lessiveuse.*

Ce dessin est composé comme le tableau portant le même titre.

Une paysanne, les manches retroussées, verse une cruche d'eau bouillante dans une large cuve.

La buée monte lentement dans la pièce, en vapeurs blanchâtres.

Au fond, brûle dans l'âtre un feu de bois sous la marmite accrochée à la crémaillère.

Dessin au fusain rehaussé de crayon blanc.

Haut., 45 cent.; larg., 34 cent.

Collection Atgé.

MILLET

(JEAN-FRANÇOIS)

51 — *Paysanne veillant son enfant.*

Dans un intérieur rustique, une paysanne travaille à un ouvrage de couture et veille sur son enfant endormi.

Dessin rehaussé de pastel.

Haut., 30 cent.; larg., 25 cent.

Collection Ch. Hayem.

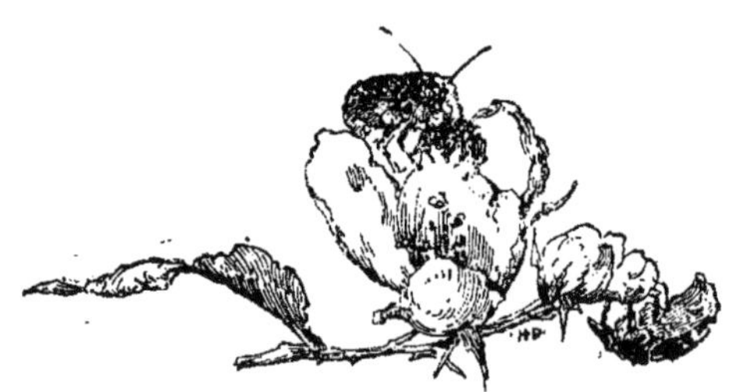

www.ingramcontent.com/pod-product-compliance
Ingram Content Group UK Ltd.
Pitfield, Milton Keynes, MK11 3LW, UK
UKHW022130260726
13993UKWH00003B/1350

9 782329 544144